Jeitos de Crer

Fazendo o bem

Dora Incontri

Jornalista, mestre, doutora e pós-doutora em História e Filosofia da Educação pela USP. Autora e editora, professora da pós-graduação da Unisanta (Universidade Santa Cecília).

Alessandro Cesar Bigheto

Pedagogo, mestre em História da Educação pela Unicamp, membro do grupo de pesquisa Histedbr (Unicamp), autor e professor de filosofia.

2º ano

Ensino Fundamental

CB131205

editora ática

Gerente Editorial
Márcia Takeuchi

Editor
Luiz Tonolli

Coordenação da edição e edição de texto
Samir Thomaz

Preparação de texto
Cláudia Cantarin

Revisão
Hélia de Jesus Gonsaga (ger.)
Kátia Scaff Marques (coord.)
Juliana Lima Gonçalves
Maurício Baptista Vieira

Pesquisa iconográfica
Sílvio Kligin (superv.)
Jaime Yamane

Edição de arte
Margarete Gomes Rivera (superv.)
André Vitale

Programação visual
André Vitale
Liliam Lungarezi

Editoração eletrônica
André Vitale
Liliam Lungarezi

Ilustrações
Paulo Brabo (Têmpera Editora)
Camila Godoy

1ª edição
6ª impressão

Cód. de obra CL 736128

ISBN 978-85-08-12171-7 (aluno)
ISBN 978-85-08-12172-4 (professor)

2021

Av. Otaviano Alves de Lima, 4400 – 5º andar e andar intermediário Ala A
Freguesia do Ó – CEP 02909-900
São Paulo – SP
Tel.: 0800 115152 – Fax: 0(XX)11 3990-1616
www.atica.com.br
editora@atica.com.br

Impressão e acabamento: Bercrom Gráfica e Editora

Apresentação

As histórias que vocês lerão neste livro se passam em algum lugar do Brasil, numa escola muito diferente, chamada Escola da Tia Sofia. As crianças que vocês vão encontrar aqui são crianças iguais a todas. Mas como estudam na Escola da Tia Sofia, elas fazem o que outras crianças não têm oportunidade de fazer.

É que, na Escola da Tia Sofia, elas podem escolher o que estudar, o que pesquisar, o que discutir. Os professores não ensinam, só ajudam os alunos a aprender por eles mesmos. Não há salas de aula com lousa e carteiras. Contam que na Escola da Tia Sofia há salas cheias de objetos interessantes, como livros, computadores com internet, quadros, aparelho de DVD, material para fazer arte, e que, do lado de fora, há jardins floridos, com árvores frutíferas. Tudo é muito bonito, colorido, arrumado. E dizem também que fatos mágicos acontecem nessas salas especiais. Nós vamos ver se isso é mesmo verdade.

Nessa escola, há uma turma muito simpática, com crianças de idades diferentes, que se reúne para estudar temas interessantes. Quando começam a conversar e a pesquisar, muita coisa acontece. Os assuntos são variados, porém sempre têm a ver com religião. Não uma religião, mas várias. Esses alunos querem saber de tudo, fuçam tudo quanto é religião do mundo, tudo quanto é ideia, tudo quanto é cultura. São uns meninos danados de curiosos!

Eles se chamam Mirela, Bantinho, Uirá, Muhamed, Davi e Susi. Como bons brasileiros, descendem de povos diferentes, mas se dão muito bem, porque se respeitam e se gostam! E você também vai gostar deles.

Boa diversão e bom aprendizado!

ESCOLA DA
Tia Sofia
DIREITOS
DA CRIANÇA

Sumário

Capítulo 1

O que é o bem?

9

Capítulo 2

O bem de ter coragem

17

Capítulo 3

O bem de ter outra coragem

26

Capítulo 4

O bem da amizade

33

Capítulo 5

O bem de ajudar

40

Capítulo 6
O bem de ajudar a quem?
51

Capítulo 7
O bem de melhorar o mundo
60

Capítulo 8
O que é contrário ao bem?
69

Capítulo 9
Onde está o bem?
78

Capítulo 10
O bem de Deus
88

Conheça o seu livro

Ao longo de cada volume, você encontrará vinhetas que indicam atividades específicas do livro. Fique atento a elas e bom estudo!

Pinte o sete! Espaço em branco para que você faça um desenho sobre algum assunto do livro.

Vamos conversar! Aqui você responde a perguntas específicas do capítulo com suas próprias palavras.

Assista a um filme! Alguns filmes relacionados aos assuntos tratados no capítulo são indicados nesta seção.

Resumo da conversa

Neste espaço você faz um resumo de suas conclusões sobre os temas discutidos no capítulo.

Cante com a gente!

Aqui você tem a letra de uma canção.

Indica que um determinado conteúdo está disponível no *site* da Ática (www.atica.com.br/jeitosdecrer), com uma abordagem mais aprofundada.

O que é o bem?

1

Mirela, Bantinho, Uirá, Muhamed, Davi e Susi estavam muito entusiasmados naquele dia. Era uma segunda-feira e eles estavam voltando às aulas depois das férias. As crianças ouviram alguém da escola dizer que um professor muito especial apareceria na sala para conversar com eles e ajudá-los numa pesquisa importante a respeito de um tema que tinha sido escolhido pelas próprias crianças.

– Os adultos vivem dizendo que devemos ser bons – disse Mirela, a mais velha e a mais perguntadeira da turma. – Mas o que é ser bom?

– Eu detesto quando eles falam: "Seja bonzinho!" – reclamou Davi.

– Eu sei que sou do bem! – comentou Bantinho. – Só que às vezes não entendo o que é esse "bem"!

Eles estavam nessa conversa, quando entrou na sala um homem, com barba e óculos, nem moço nem velho, muitíssimo simpático. E ele já foi logo dando um beijo em cada um.

– Eu sou Orestes! Soube que vocês estão interessados em discutir o bem! Que boa discussão! Eu posso ajudá-los!

– Ajudar de que jeito? – perguntou Susi, com seus olhinhos puxados e sorriso delicado.

CHRISTIE'S IMAGES

Vaso grego do século III a.C.

– Ah, de muitas maneiras! Contando histórias, lendo poesias, cantando músicas e... fazendo algumas mágicas! Mas isso será uma surpresa!

Todos ficaram muito contentes e pediram:

– Então vamos começar!

Orestes abriu um livro enorme e começou a mostrar muitas figuras. Eram todas de um tempo muito antigo, uns 2 600 anos atrás, e eram de uma região chamada Grécia.

MUSEO DEL PRADO, MADRID

Esopo retratado pelo pintor espanhol Velázquez no século XVII.

– Vamos conhecer um contador de histórias! – disse, animado, o professor Orestes. E começou:

– É a história de Esopo, o criador de fábulas. Ninguém sabe direito como ele era ou como foi a sua vida. É que naquela época não se escrevia sobre as coisas e sobre as pessoas, como se faz hoje. Tudo o que se queria contar era falado, e uma pessoa passava o conhecimento para outra. Mas o que se sabe é que Esopo viveu mais ou menos

entre 620 e 560 antes de Jesus. Ele nasceu numa região chamada Frígia, na Ásia, e morreu numa cidade grega chamada Delfos. Parece que era um homem muito feio e corcunda e que durante grande parte de sua vida foi escravo, na ilha de Samos, também na Grécia. Na cidade de Atenas, as escolas usavam as fábulas criadas por Esopo para ensinar às crianças lições de sabedoria. Sabem quantas fábulas Esopo contou? Mais ou menos quatrocentas! Muita gente depois dele escreveu fábulas também, para ensinar as pessoas a serem sábias e a pensarem bem antes de agir.

MARCELO CARNAVAL / ABRIL

Partenon, templo grego em homenagem à deusa Atena. Fica em Atenas, na Grécia.

– Espera um pouquinho – gritou Uirá. – O que são fábulas?

– Ah! Eu sei! Eu sei – disse Mirela. – São histórias em que os animais falam e agem como gente.

– Certíssimo – comentou Orestes –, mas essas histórias têm sempre uma liçãozinha para se pensar.

– Ah, então é por isso que elas podem ensinar a gente sobre esse assunto do bem? – perguntou Davi.

– É! Vamos ver! Aqui está uma bem interessante – mostrou o professor Orestes, começando a ler:

O leão e o rato

É bom sempre que se possa
a todo mundo ajudar,
pois mesmo dos pequeninos
poderemos precisar!

Desta verdade bem certa
esta história vai falar,
mostrando como ela vale
em qualquer tempo ou lugar!

Um dia, um pobre ratinho
se viu aterrorizado
entre as patas de um leão...
E achou: "Serei devorado".

Mas neste dia o leão
generoso deu-lhe a vida,
deixou o rato ir embora
sem dele fazer comida!

Esta bondade leonina
o rato iria pagar!
Mas um leão poderia
de um ratinho precisar?

Pois foi o que aconteceu:
um belo dia o leão
foi preso por grossa rede,
rugindo em grande aflição!

Senhor rato o socorreu
e, usando o pequeno dente,
paciente roeu a rede
livrando o leão valente!

Assim, pequenino e fraco
pagou o seu benfeitor.
Mostrou que a força não vale
tanto quanto vale o amor!

(Fábula de Esopo, poesia de La Fontaine. Versão poética em português de Dora Incontri.)

– Que bonito! – disse Davi. – Mas eu fiquei com uma dúvida: o leão foi bom com o rato pensando que o rato poderia ajudá-lo algum dia ou foi bom porque foi bom mesmo?

– Essa é uma ótima pergunta – respondeu Orestes. – O que vocês acham?

– Ele foi bom porque foi bom, já que ele nunca ia imaginar que um dia iria precisar do ratinho – falou Muhamed.

– É, mas de qualquer forma, ter sido bom para o rato foi bom para ele mesmo! – concluiu Mirela.

Vamos conversar!

O que você acha:

- O leão foi bom para o rato de coração ou esperava alguma coisa em troca?
- Que tipo de sentimento o leão demonstrou ter com o rato?
- E que tipo de sentimento o rato demonstrou ter com o leão?
- Por que Mirela disse que ter sido bom para o rato foi bom para o leão?

Resumo da conversa

Escreva aqui as principais ideias que você discutiu com sua turma sobre a fábula e também as conclusões a que chegaram sobre ela.

Faça de conta...

- Vamos brincar de teatro e encenar a fábula do leão e do rato? Em grupo, vocês podem encená-la para a sua turma e também para outras classes da sua escola.

- Você viu que o título deste capítulo é "O que é o bem?". Reúna-se com alguns amigos e tentem escrever uma quadrinha explicando o que é o bem.

O bem de ter coragem

2

No dia seguinte, toda a turma estava na sala, esperando que Orestes aparecesse para lhes contar novas histórias sobre o bem e sobre o que é ser bom.

Enquanto ele não chegava, o pessoal ficou conversando sobre a curiosidade que tinham de saber mais sobre a Grécia antiga, o lugar onde Esopo viveu.

– Era a Grécia dos deuses, que moravam no Monte Olimpo – disse Muhamed, que adorava histórias de deuses e heróis e sonhava em voz alta.

– E os gregos, o que será que pensavam que era o bem? – perguntou Susi.

Justo neste momento o professor Orestes entrou, muito sorridente e carregando uma mochila nas costas.

– É hoje que vou fazer uma boa mágica para vocês – ele anunciou.

As crianças bateram palmas de alegria. Orestes pediu a todos que fechassem os olhos e prendessem a respiração por alguns segundos. Quando eles abriram os olhos, nem podiam acreditar: estavam em outro lugar, numa cidade cheia de sol, com construções em que se viam lindas colunas e pessoas vestindo túnicas elegantes.

Mirela logo falou:

– Nossa! Nós estamos na Grécia! Como aconteceu isso?

Orestes falou:

– Temos que andar depressa, pois a mágica dura pouco.

Ele levou a turma por ruas de pedra até uma praça, onde havia muita gente conversando. Num canto havia um rapaz e alguns meninos sentados à sua volta. Parecia um professor com seus alunos.

– Estamos na ágora da cidade de Atenas. É aqui que os homens sábios se reúnem para discutir suas ideias. Este moço é um professor e está contando para os alunos uma história da mitologia grega. Eu vou traduzir para vocês:

MUSEU ARQUEOLÓGICO NACIONAL-ATENAS

Detalhe de ânfora mostrando duelo entre Héracles e Nesso, um episódio da mitologia grega.

Héracles é o mais famoso dos heróis gregos. Sua força e bravura são admiradas por todos. O menino Héracles já nasceu forte e com poderes porque era filho do todo-poderoso Zeus, o pai dos deuses, mas sua mãe, Alcmena, não era deusa, era uma mortal. No dia em que Héracles nasceu, na cidade de Tebas, o senhor do Monte Olimpo ficou feliz e orgulhoso.

O que poucos sabem é que Héracles tinha dois irmãos, um chamado Íficlo, de quem era gêmeo, e outro mais velho, de nome Euristeu. Desde menino Íficlo trabalhava com seu irmão mais velho. O mesmo destino teve o pequeno Héracles. Zeus o mandou para ser treinado por Euristeu, a fim de que um dia pudesse provar sua coragem de herói. Héracles gostava de brincar e de correr atrás dos animais, mas passava a maior parte do tempo treinando para ser um verdadeiro herói.

Ele aprendeu a arte de manejar um carro e a de combater com as armas. Mas também aprendeu a ler e a tocar instrumentos musicais. Era tão bom com as armas que nunca errava o alvo. Vivia passeando pelas florestas da Grécia, onde muitas vezes chegou a dormir. Héracles era um comilão, e sua comida favorita era pão e carne. Mas, coitado do menino! Sua madrasta, a deusa Hera, não gostava dele e cometia uma porção de injustiças contra o pequeno.

As aventuras do poderoso filho de Zeus começaram ainda na infância. Um dia, os dois irmãos gêmeos estavam deitados no quarto de Alcmena, quando duas serpentes enviadas por Hera, a rainha dos deuses, entraram para devorá-los. Héracles usou pela primeira vez a sua força. Agarrou as serpentes com as duas mãos e as lançou para bem longe dali.

Já na juventude, casou-se com a filha de Creonte, Mégara. Ele teve de cumprir doze trabalhos de coragem e por causa deles ganhou a fama de herói. Entre outros trabalhos, Héracles teve de matar um leão, vencer um dragão de nove cabeças, prender um touro que soltava fogo pelas ventas e desviar o curso de dois rios!

STAPLETON COLLECTION / CORBIS / LATIN STOCK

Detalhe de vaso grego com ilustração de Héracles lutando contra o centauro Chiron.

Nem bem o professor grego acabou de falar, alguma coisa aconteceu e a turma de Mirela se viu de novo na sala da Escola da Tia Sofia. Todo mundo ficou chateado. Afinal, aquela havia sido uma amostra muito pequena da Grécia. E eles tinham tantas perguntas ainda para fazer!

– O nome desse herói da história não era Hércules? Por que o professor grego o chamou de Héracles? – disparou Uirá.

– É que Héracles é o verdadeiro nome dele: o nome grego. Um outro povo, os romanos, é que o chamava de Hércules – explicou Orestes.

– Ah, bom! Agora entendi – disse Uirá.

– Tudo bem – disse Susi, meio brava. – Esse Hércules ou Héracles era corajoso, mas também era forte. Assim é fácil a gente ter coragem.

– Mas os perigos que ele enfrentou eram difíceis até mesmo para alguém forte como ele – opinou Muhamed.

– E o que quer dizer isso? Que é bom a gente ser corajoso? Pelo menos era o que os gregos achavam... – comentou Davi.

– Hum, eu não sei não.... – começou Bantinho, pensativo. – Acho que esse negócio de dragões e serpentes não existe na vida real. Será que não existe outro tipo de coragem? – continuou o menino.

– A gente pode conversar sobre isso amanhã – respondeu Orestes.

– Espera só um pouquinho – falou Mirela. – Eu achei uma coisa esquisita na aula daquele professor grego!

– O que foi? – perguntaram as outras crianças quase ao mesmo tempo.

– Ali não tinha nenhuma aluna menina!

Orestes tossiu meio sem graça antes de responder:

– É que na Grécia as mulheres não recebiam educação na escola como os homens. Elas não aprendiam a pensar, a conhecer o mundo, nada; só podiam fazer os trabalhos domésticos... Era bem feio o que acontecia na Grécia naquela época!

– Ai! Que insuportável isso! – disse Mirela. – Bem que eu não gostei muito daquela praça lá na Grécia!

– Eram os costumes daquele tempo – respondeu Orestes.

– Ainda bem que os costumes mudaram! – concluiu Susi.

Assista a um filme!

Assista ao desenho *Hércules* (1997), da Disney, e converse com os amigos sobre o herói da história.

Vamos conversar!

- A coragem que o professor grego falou que Héracles teve ao enfrentar os doze trabalhos e a que ele encontrou em si mesmo para se tornar herói de verdade foram uma coragem só de força?
- Que tipo de coragem o herói teve que ter?

Resumo da conversa

Escreva aqui as principais ideias que vocês discutiram na classe sobre a história de Héracles.

Viajando pelas cores

- Visite o *site* www.atica.com.br/jeitosdecrer e viaje pela Grécia antiga. Veja como eram os templos, as praças, as pinturas e as paisagens daquela civilização.

Pinte o sete!

Reúna-se com um amigo e façam uma pintura ou um desenho no estilo da Grécia antiga.

O bem de ter outra coragem

3

No dia seguinte, quando a turma chegou à escola, sentiram falta de Bantinho.

– Ué! – disse Uirá. – O Bantinho nunca falta, o que será que aconteceu?

Uirá nem bem havia acabado sua frase, quando Orestes entrou na sala e foi logo dizendo:

– Bom dia, pessoal! Tenho uma notícia que não é muito boa! Bantinho está no hospital! Ontem ele caiu na casa dele e se machucou bastante.

As exclamações que se ouviram foram:

– Nossa!

– Que droga!

– Coitado!

– Vamos então visitar o Bantinho! – sugeriu Mirela.

Todos concordaram, e Orestes prometeu organizar a visita na parte da tarde.

E assim foi. A turma foi para o hospital e lá mesmo acabaram tendo uma aula.

Quando as crianças, acompanhadas de Orestes, entraram no quarto em que Bantinho estava, viram que o amigo estava com cara de choro. Todos o abraçaram.

– O que foi que aconteceu? – perguntaram os amigos.

– Eu caí da escada e quebrei o pé! – respondeu Bantinho, com voz de tristeza, apontando para o pé quebrado.

A mãe de Bantinho estava lá junto com o filho e disse:

– Mas vai passar logo, Bantinho, fique calmo!

– Está doendo e o médico disse que eu vou ter que operar... Estou morrendo de medo!

Foi então que Orestes entrou na conversa e disse:

– Que coisa, Bantinho! Você disse ontem que existe outra forma de coragem além da coragem de Héracles... Você está lembrado?

– É verdade – disse Susi –, e eu acho que já sei que coragem é essa!

– Ah! Estou entendendo... – começou Bantinho. – Eu não vou lutar com nenhum dragão de nove cabeças, mas vou precisar de coragem para a minha operação.

Orestes, a mãe de Bantinho e todos os amigos sorriram para ele.

Foi então que Davi disse:

– Tudo bem, o Bantinho tem que ter coragem, mas e nós, o que podemos fazer?

Mirela respondeu logo:

– Proponho que a gente faça uma oração para o Bantinho se sentir melhor e se recuperar logo. Você quer, Bantinho?

– Quero sim.

Com muito respeito, todos ficaram em silêncio. E foi a própria Mirela que fez uma prece:

Deus, nosso amigo e nosso Pai, nós queremos te pedir pelo Bantinho, para que a operação não doa muito, para que ele melhore depressa e volte logo para a Escola da Tia Sofia.

Bantinho deu um suspiro e falou:

– Acho que estou me sentindo com mais coragem. Afinal, eu não estou sozinho! Antes de vocês irem embora, a gente não podia cantar a música de entrada da escola?

– Vamos cantar sim!

Cante com a gente!

Alô, bom dia!
Oh! como vai você?
Um olhar bem amigo,
um claro sorriso
um aperto de mão!
E a gente sem saber
como e por quê
se sente feliz
e sai a cantar
uma alegre canção.

Bom-dia nada custa
ao nosso coração
e é bom fazer feliz
o nosso irmão!
A Deus se deve amar,
amar sem distinção
Alô, bom dia, irmão!

Saber dar um bom-dia
cheio de bondade
é dar bom-dia com sinceridade,
é dar sempre o melhor
do nosso coração.
Alô, bom dia, irmão!

Antes de sair, Muhamed disse para o amigo:

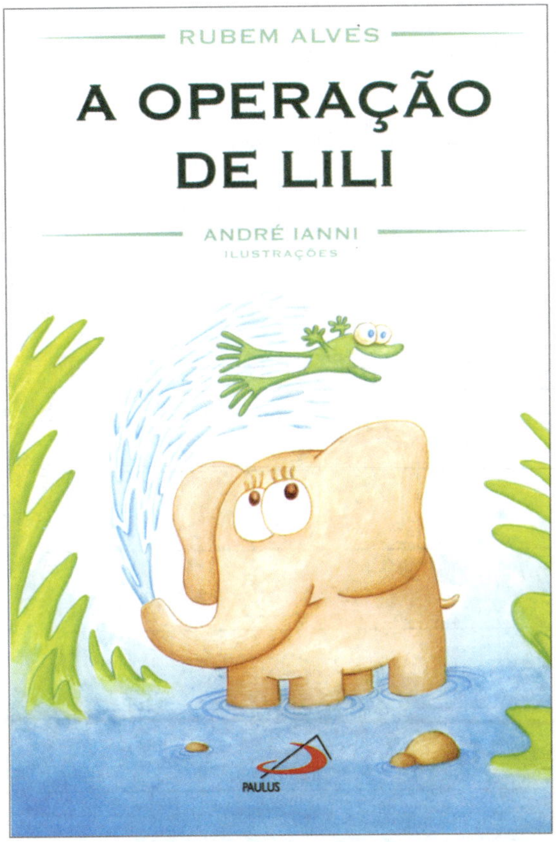

– Bantinho, parece que eu adivinhei que você ia ser operado! Eu trouxe de presente um livro que se chama *A operação de Lili,* de Rubem Alves. Conta a história de uma elefantinha de nome Lili que sempre brincava com um sapo, só que de repente o sapo entalou dentro da sua tromba, e ela teve que ser operada para tirar o sapo de lá.

Todo mundo achou engraçada a coincidência e Bantinho perguntou:

– E deu certo a operação?

– O final da história é feliz, sim!

– Então está bom!

Vamos conversar!

- Você sabe orar? Se sabe, costuma orar pelas pessoas de que você gosta? Se não sabe, gostaria de aprender?
- Você acha importante a gente orar?
- Como é a sua oração?

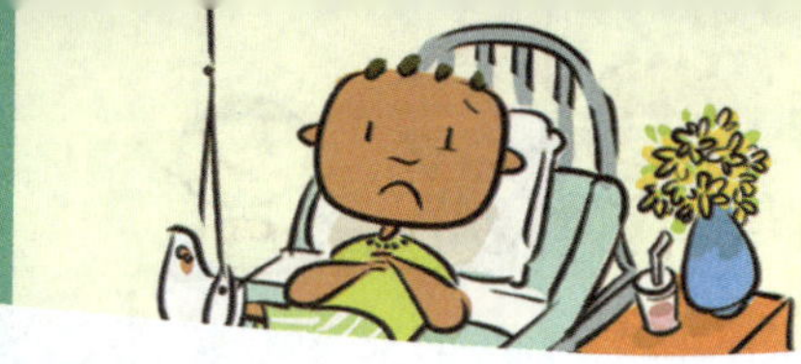

Resumo da conversa

Escreva aqui as principais ideias que vocês discutiram e as conclusões a que chegaram sobre oração.

Invente uma história...

- Pense numa pessoa que tem de usar a coragem do coração. Pensou? Conte para seus amigos como é a história que você imaginou.

Você pode...

- Que tal visitar alguém que você conhece e que está doente e pode receber visitas?

- Se isso não for possível, faça uma oração por uma pessoa doente ou por todas as pessoas doentes do mundo!

O bem da amizade

4

A turma de Mirela resolveu esperar Bantinho voltar para a escola para continuar a pesquisa sobre o bem. Não tinha graça discutir o assunto sem a presença do amigo. Durante o tempo de recuperação de Bantinho depois da operação, eles estudaram outras coisas.

Aquele era o dia em que Bantinho retornaria para a escola. Ele entrou na sala de aula ainda meio manquitolando, mas todo contente de estar de volta. E foi logo falando:

– Todo mundo me ajudou. Vocês foram me visitar, oraram por mim, me levaram presentes, cantaram comigo, me esperaram para continuar nossa conversa! Puxa, vocês são amigos mesmo!

Todas as crianças estavam contentes com a volta dele, e a turma toda foi correndo abraçá-lo.

Orestes, sorridente, então falou:

– O que vocês acham de voltarmos à Grécia para falar do bem da amizade?

– Por quê? – perguntou Susi. – O que falavam os gregos sobre a amizade?

– Ah! Existiu um filósofo chamado Aristóteles que escreveu coisas bonitas sobre isso.

– Filósofo? O que é isso? – perguntaram várias vozes.

– Filósofo é um pensador, é uma pessoa que vive se perguntando sobre assuntos muito importantes e procurando respostas para essas perguntas – explicou Orestes.

Quando Orestes terminou de falar, Mirela já segurava uma folhinha impressa com a história de Aristóteles. Em cinco minutos, ela havia buscado informações na internet e as leu em voz alta para a classe:

Aristóteles nasceu em 384 a.C., numa bela cidade grega chamada Estagira. Gostava de estudar e desde muito cedo sonhava em ser médico. Ao crescer, tornou-se membro de uma sociedade médica. Com 18 anos foi à cidade de Atenas para estudar filosofia com um dos maiores filósofos da época, Platão. Ao chegar, ficou encantado com os jardins e com a beleza do lugar. Aristóteles se espantou com a nova escola, pois nela se estudava muito e os alunos pesquisavam e conversavam – ou seja, filosofavam – o dia inteiro. Logo ele ficou amigo de Platão, com quem aprenderia muitas coisas. Aos poucos ele também se fez filósofo. Platão constantemente o elogiava. Depois de vinte anos de estudo, ele queria fundar a sua própria escola.

ARALDO DE LUCA/CORBIS/LATIN STOCK

Alexandre, o Grande.

Um dia, o rei da Macedônia, Filipe II, convidou-o para ser professor de seu filho, Alexandre. O filósofo resolveu aceitar e ensinou muitas coisas ao jovem. Quando adulto, Alexandre assumiu o trono da Macedônia e se transformou em um poderoso guerreiro. Mais tarde, Aristóteles fundou uma escola de filosofia, que se chamava Liceu, onde ele próprio dava aulas. Essa escola ficou bastante conhecida. Além de ser um grande professor, Aristóteles escreveu vários livros. Seus escritos ainda hoje são admirados.

PEDRO MARTINELLI / EDITORA ABRIL

Acrópole grega (Teatro de Dioniso), em Atenas.

– Tem uma coisa que esse texto não diz! – falou Orestes. – É que, na escola de Aristóteles, os professores e os alunos pensavam passeando pelos jardins.

– Que interessante!

– Escutem o que Aristóteles pensava sobre a amizade. Ele escreveu isto num livro chamado *Ética*, dedicado a seu próprio filho, Nicômaco:

Nenhuma pessoa quer viver sem amigos. Se ela é rica, os amigos vão participar de sua riqueza. Se ela é pobre, os amigos ajudam na hora da necessidade. Os amigos ajudam os mais jovens a não fazer coisas erradas e ajudam os mais velhos quando estão doentes ou fracos. Os verdadeiros amigos nos ajudam também a sermos bons e honestos. É natural um ser humano ser amigo de outro ser humano. As pessoas gostam de estar perto umas das outras; os pais gostam dos filhos, os filhos gostam dos pais. Nas cidades, quando há amizade, há união. E a falta de amizade produz a guerra!

(Texto adaptado para fins didáticos de *Ética a Nicômaco*.)

Todos ficaram pensativos e, por fim, Bantinho disse:

– É muito bom ter amigos então! Eu gostei de saber que tinha amigos enquanto estive no hospital!

O poeta fala

- Muhamed fez uns versinhos sobre a amizade:

Ser amigo de um amigo
É a melhor coisa que tem.
Ter amizade sincera
Isso sim é que é um bem!

O amigo está do lado
Quando a gente está tristonho.
O amigo nunca falta
Na doença ou num bom sonho.

Ser amigo é ser fiel
Nunca falar mal por trás,
Não fazer fofoca feia
E viver com o outro em paz!

Vamos conversar!

- Quem são seus melhores amigos e amigas?
- É bom estar com eles?
- Às vezes vocês brigam? Por quê?
- O que você já fez de bom para um amigo ou uma amiga?
- E o que um amigo ou amiga já fez de bom para você?

Resumo da conversa

Escreva aqui as principais ideias que vocês discutiram sobre o bem de ter um amigo.

Você pode...

- Que tal escrever um bilhete para um amiguinho ou uma amiguinha da sala de aula dizendo por que você gosta da amizade dele ou dela?

Vamos brincar de...

- ... filosofar? Faça perguntas cujas respostas você nunca imaginou! Pode ser de qualquer assunto, com porquês bem difíceis de responder. Depois, mostre-as para seus amigos e peça a eles que mostrem as perguntas que fizeram. Lembre-se: o importante não é responder às perguntas, mas fazê-las.

O bem de ajudar

5

No dia seguinte, o assunto do Bantinho no hospital ainda estava presente.

Todos estavam contentes por serem amigos uns dos outros e porque puderam ajudá-lo num momento em que ele precisou de amigos por perto.

Orestes começou a falar:

– Vocês ajudaram uma pessoa de que vocês gostam e estão felizes por isso. Então, ajudar é bom, faz bem para quem é ajudado e faz bem para quem ajuda!

– É verdade – concordou Muhamed. – Mas não é todo mundo que ajuda os outros. Tem tanta gente má no mundo, fazendo coisa ruim por aí!

Orestes respondeu:

– Fechem bem os olhos e venham comigo! Vou mostrar para vocês uma pessoa que só fazia coisas boas. Ela já morreu, mas vamos fazer uma viagem no espaço e no tempo, para encontrar uma grande mulher!

As crianças fecharam os olhos e, quando os abriram, estavam numa rua muito movimentada. Fazia muito calor, e havia muita gente falando uma língua estranha.

Cenário da cidade de Calcutá (atual Kolkata), na Índia.

LIBA TAYLOR / CORBIS / LATIN STOCK

Fonte: Adaptado de *Atlas geográfico escolar*. Rio de Janeiro: IBGE, 2007.

Orestes explicou:

– Estamos na Índia. Viemos até aqui para conhecer a madre Teresa de Calcutá!

Enquanto caminhavam pelas ruas, as crianças viram muitos mendigos e pessoas muito magras, pedindo ajuda. E Orestes ia lhes falando um pouco sobre a grande pessoa que iam conhecer:

– A madre Teresa de Calcutá tem uma linda história de amor dedicada aos seres humanos, e em especial às crianças. Ela não nasceu aqui na Índia, mas na cidade de Skopje (Macedônia), que fica bem longe, na Europa, e viveu com os pais na antiga Iugoslávia. Era uma moça tímida e magra, mas que sabia muito bem o que queria: ela queria realmente ser como Jesus e ajudar os mais pobres e os doentes. Por isso, decidiu se tornar freira quando estava com 19 anos de idade. Um dia, em 1929, ela ficou impressionada ao passar pela primeira vez nesta cidade em que estamos, Calcutá. As cenas de pobreza a deixaram triste e com vontade de ajudar as pessoas. Então foi estudar enfermagem e começou a trabalhar em suas novas atividades. Passou a viver com os mais pobres, a vestir roupas simples, a comer pouco e a dormir apenas três horas por dia. Cuidava sem descanso daqueles que viviam nesta cidade. Tomava conta dos doentes, educava com afeto as crianças, trabalhava pelos necessitados... Ela era incansável! Durante os 87 anos de sua vida, madre Teresa deu um exemplo de humildade, dedicação e amor.

TIM GRAHAM / ALAMY / OTHERIMAGES

Madre Teresa conversa com mulheres da antiga Calcutá.

Fonte: Adaptado de *Grand atlas historique*. Paris: Larousse, 2004.

Quando o professor Orestes terminou de falar, as crianças se viram diante de uma velhinha vestida com uma roupa branca e azul, sorridente e calma, que estava cuidando de um homem muito doente, quase morrendo. Ela falou com as crianças, mas elas não conseguiram entender suas palavras.

Orestes então traduziu: "Sabem, meus filhinhos, eu gosto de cuidar dos mais pobres entre os pobres, desses que estão nas ruas, que não têm ninguém, que estão morrendo sem amor... Eu quero fazer o que Jesus ensinou: ajudar os que mais precisam de ajuda".

KAPOOR BALDEV / SYGMA / CORBIS / LATIN STOCK

Madre Teresa com crianças indianas, na antiga Calcutá.

As crianças ficaram tão emocionadas que nem conseguiram falar. Mas viram que o homem de quem madre Teresa estava cuidando tinha no rosto uma expressão calma, com um leve sorriso.

Mirela, que não tinha vergonha de nada, perguntou se podia dar um abraço em madre Teresa. Orestes traduziu. A madre sorriu e abriu os braços para todos da turma, que correram para sentir o colo daquela mulher tão boa. Eles fecharam os olhos nesse abraço e, quando tornaram a abri-los, estavam na sala de aula de novo.

Ninguém tinha vontade de falar nada. Parecia que estavam voltando de um sonho. Davi resolveu acabar com o silêncio e perguntou:

– Por que a Índia tem tanta pobreza?

Orestes respondeu, com a voz triste:

VALDEMIR CUNHA / EDITORA ABRIL

Templos da cidade de Khajuraho, na Índia.

– Os indianos são um dos povos mais antigos que existem. A Índia é um lugar muito bonito, cheio de obras de arte e templos grandiosos. No passado, foi um país muito rico, onde viviam reis e rainhas. A Índia ficou famosa por ter uma das religiões mais antigas do mundo: o hinduísmo. Lá, as pessoas têm muita fé. Gente de todas as partes visita templos para rezar e meditar. Mas uma coisa muito triste ocorreu: os ingleses,

por volta de 1600, passaram a mandar naquele país e retiraram do povo muitas riquezas para levar à Inglaterra. Quando eles se foram, depois de trezentos anos, e a Índia ficou livre, o país havia se transformado num dos mais pobres do mundo, porque os ingleses acabaram com suas riquezas. Isso aconteceu não só na Índia, como em muitos outros países.

– Que coisa horrível! – disse Susi.

– Mas que coisa bonita o que a madre Teresa fez! É bom estar ao lado de uma pessoa que faz o bem! A gente se sente bem! – disse Bantinho. – Eu não gostei da pobreza das pessoas, porque ninguém merece ser tão pobre, mas gostei muito da madre Teresa!

EDSON ROSA

Templo Dourado, dos *sikhs*, em Amritsar, na Índia.

O poeta fala

- Muhamed se sentiu tão inspirado pela vida de madre Teresa de Calcutá que fez uma poesia, e ela ficou bem bonita:

Conheci uma mulher
Com o nome de Teresa.
Tinha na alma e nos olhos
Uma porção de beleza!

Cuidava de toda gente
Criança, jovem ou velho.
Ela queria fazer
Como Jesus no Evangelho!

Teresa de Calcutá,
Que gostoso o seu colinho!
Feliz de quem recebeu
Um olhar seu de carinho!

Brincando de viajar!

- Observe o mapa abaixo. Em seguida, faça um roteiro partindo de onde madre Teresa nasceu, assinale o lugar em que ela passou a infância e por fim onde viveu a maior parte da sua existência e morreu.

Fonte: Adaptado de *Atlas geográfico escolar*. Rio de Janeiro: IBGE, 2007.

- Agora, observe este outro mapa. Ele mostra a divisão atual da Iugoslávia em decorrência de alguns conflitos entre os vários povos que lá viviam. Novos países foram criados, por isso o mapa é diferente daquele da infância de madre Teresa de Calcutá.

Fonte: Adaptado de http://europa.eu (Acesso em 9/12/2008)

Faça de conta...

- Feche os olhos e ouça a música indiana tocada pelo músico Alberto Marsicano num instrumento chamado cítara. Enquanto você a escuta, imagine que está passeando pela Índia.

O citarista Alberto Marsicano e seu instrumento. Marsicano é formado em música clássica pela Benares Hindu University, Índia. Aprendeu a tocar cítara em Londres com o mais famoso mestre indiano, o maestro Ravi Shankar.

Pinte o sete!

Crie um personagem e invente uma história em quadrinhos em que as pessoas se ajudam porque querem fazer o bem ao próximo, ou então conte a história de madre Teresa de Calcutá. Pinte bem bonito!

O bem de ajudar a quem?

6

No dia seguinte, a turma ainda estava emocionada com o encontro com a madre Teresa de Calcutá.

Foi Uirá quem começou a conversa:

– A madre Teresa queria fazer o que Jesus fez. E eu queria saber mais sobre Jesus.

– Eu também! Eu também! – disseram todos.

– Pois então – disse Orestes – eu proponho que vocês façam uma pesquisa sobre Jesus. Peguem livros, entrem na internet. Vou deixar vocês aqui sozinhos e daqui a pouco eu volto para ver o que acharam. Depois vou contar uma história muito bonita de Jesus.

As crianças ficaram à vontade e foram todos buscar na internet e nos livros informações, pinturas, esculturas e histórias de Jesus.

Muhamed, que gostava de poetar, sugeriu:

– Por que a gente não faz uma poesia contando a história de Jesus? Cada um fala uma parte quando o professor Orestes chegar...

Todos adoraram a ideia e, quando Orestes voltou, as crianças estavam num canto da sala e iam se dirigindo ao meio, falando um pedacinho da poesia:

Nós vamos apresentar
Uma história em poesia
E vamos falar de alguém
Que trouxe ao mundo alegria!

Onde nasceu Jesus?
Jesus nasceu em Belém.
E veio fazer o quê?
Veio ensinar-nos o bem.

E onde viveu Jesus?
Pois viveu em Israel.
E o que ensinava ele?
O caminho para o céu.

E como Jesus viveu?
Sempre ajudando as pessoas.
Curando, ensinando, amando
Fazendo só coisas boas.

E como Jesus morreu?
Morreu de morte matada.
Foi pregado numa cruz
Sem nunca ter feito nada.

Jesus morreu para sempre?
Não morreu de nenhum jeito.
Apareceu aos amigos
Num corpo mais que perfeito!

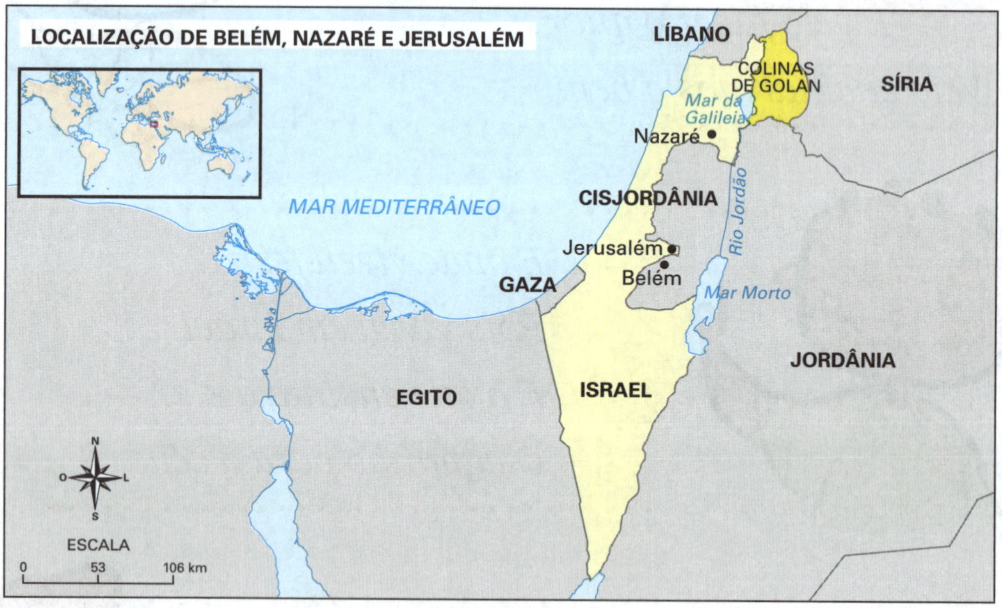

Fonte: Adaptado de *Atlas Geográfico Escolar*. Rio de Janeiro: IBGE, 2007.

Orestes ficou até sem fala, de tão boa que estava a poesia:

– Pois agora é a minha vez de contar para vocês uma história que Jesus contou. Essas histórias se chamam *parábolas* e nos ensinam coisas interessantes.

A parábola do bom samaritano

Jesus pregava o tempo todo o seu ensinamento mais importante: “Amar ao próximo como a si mesmo”. Certo dia, uma pessoa perguntou:

– Mas, afinal, quem é o meu próximo?

Então, Jesus contou a seguinte parábola:

Um viajante ia por uma estrada e foi assaltado por um grupo de bandidos. Eles roubaram seu cavalo, seu dinheiro e ainda lhe deram uma surra tão forte que o rapaz ficou estendido no chão. Por essa mesma estrada, ia passando um fariseu, que era um sacerdote importante da religião dos judeus. O fariseu olhou, deu meia-volta e continuou o seu caminho. Logo em seguida, passou um escriba, que era um tipo de pessoa muito inteligente na época de Jesus, que sabia ler e escrever. O escriba viu o homem caído na estrada e pensou: "Coitado!", mas não fez nada. Pouco depois, um samaritano se aproximou. Os samaritanos faziam parte do povo judeu, mas ninguém gostava deles porque eram considerados errados em sua fé. Pois o samaritano viu o homem que fora assaltado, desceu de seu cavalo, foi até ele, fez curativo em seus ferimentos, deu-lhe água, carregou-o para cima do cavalo e o levou até a hospedaria mais próxima. Chegando lá, recomendou ao dono da hospedaria que cuidasse do ferido; ainda por cima, deixou a despesa paga e disse que, na volta de sua viagem, passaria por lá para pagar o que faltasse. Terminada a parábola, Jesus perguntou ao homem que havia indagado sobre o próximo:

– Quem você acha que foi o próximo do moço que foi assaltado?

– Ora essa, foi o que usou de amor com ele... o samaritano.

– Pois então – disse Jesus –, vá e faça a mesma coisa com o seu próximo!

Orestes acabou de contar essa parábola e percebeu que as crianças estavam interessadas em conversar sobre ela.

– Então, para Jesus, fazer o bem é amar o próximo – concluiu Mirela.

– E esse próximo pode ser qualquer pessoa? – perguntou Davi.

– Parece que sim! – continuou Mirela, pensativa.

– Mas isso é muito difícil. Eu amo meu pai, minha mãe, meu irmão, mas vou amar assim qualquer um? – questionou Susi.

Orestes deu sua opinião:

– Eu acho que a gente deve pensar bem sobre isso e no final cada um fala a sua conclusão. Mas parece mesmo que Jesus queria que cuidássemos de qualquer pessoa como se fosse nosso irmão, nosso pai ou nossa mãe.

– Puxa! – gritou Bantinho. – Agora eu entendi: foi isso que a madre Teresa fez.

Vamos conversar!

- Você conhece pessoas boas, que ajudam o próximo, como fez o bom samaritano?
- Quando a gente ajuda alguém, precisa esperar alguma coisa em troca?
- Na sua opinião, Jesus esperava ganhar algo em troca quando fazia o bem ao próximo? E o samaritano?

Resumo da conversa

Escreva aqui as principais ideias que vocês discutiram e as conclusões a que chegaram sobre Jesus e a parábola do bom samaritano.

Faça de conta...

- Vamos fazer um teatro de fantoches com a história do bom samaritano?

Assista a um filme!

Assista a um trecho do filme *Jesus de Nazaré* (1979), de Franco Zeffirelli.

Escreva você!

- Escreva o que você achou de mais bonito na vida de Jesus.

O bem de melhorar o mundo

7

A turma estava pensativa naquela manhã. Até que Uirá resolveu falar:

– Sabe, gente, eu gostei muito da história de Jesus. Mas não são todos os povos que acreditam nele. O povo dos meus pais, os índios, não o conhece.

Orestes sorriu e disse:

– É verdade! Por exemplo, o país onde mora o maior número de pessoas no mundo, a China, também não acredita em Jesus. Lá vivem 1,3 bilhão de pessoas!

– Mas ninguém ensinou os chineses a fazerem o bem? – perguntou Davi.

– Mas é claro que sim. Um dos nomes mais importantes para eles foi o de Confúcio. Vocês querem conhecê-lo?

Todos gritaram entusiasmados, já imaginando uma viagem mágica para a China:

– Queremos, queremos!

– Bem, então vocês têm que fechar muito bem os olhos e fazer força com o pensamento, pois vamos para muito longe, no tempo e no espaço.

Todos se concentraram e, quando abriram os olhos, viram que estavam voando por cima de campos de plantação de arroz. Ao longe, era possível ver montanhas pontudas. Era um lugar belíssimo, diferente, como se eles estivessem em outro mundo. Enquanto voavam, Orestes lhes contou:

DALLAS AND JOHN HEATON/FREE AGENTS LIMITED/CORBIS

Muralha da China.

REDLINK/CORBIS/LATIN STOCK

Entrada da Cidade Proibida, na China.

O pequeno Confúcio era um menino muito pobre que perdeu o pai bem cedo, quando tinha só 3 anos, e sua mãe teve de criá-lo sozinha. Viveu a infância entre os camponeses, no ducado de Lu, na China. Era um menino muito esperto, que foi obrigado a trabalhar desde cedo para ajudar no sustento da família. Um dia, uma importante família de sua cidade resolveu ajudá-lo a estudar. Confúcio estudou, aprendeu muitas coisas e se transformou num dos professores mais famosos que já existiram. Os alunos o adoravam, pois era um homem bondoso. Sua sabedoria e sua bondade deixavam a todos impressionados; as pessoas acreditavam que ele era um homem especial, enviado pelo céu, para cumprir a missão de educar. Confúcio dizia que todos têm o direito de viver com justiça e receber educação.

Depois de alguns minutos, chegaram a uma cidade antiga, com muita gente nas ruas, pedestres e vendedores, homens, mulheres, adultos e crianças. A turma andou por uma feira de rua, até que avistaram um grupo de jovens em volta de um velho muito bonito. Ele tinha a barba branca, comprida e pontuda, como as montanhas que admiraram durante a viagem.

Orestes, como sempre, parecia saber falar todas as línguas. Cheio de respeito, falou em chinês com o velho e depois traduziu suas palavras para a turma:

– Mestre Confúcio, viemos de longe para conhecê-lo. O senhor poderia nos dar um pouco de sua atenção?

Confúcio sorriu e disse que sim. Então Mirela fez uma pergunta, que Orestes passou para o chinês.

– Mestre, estamos fazendo uma pesquisa em várias épocas da História para sabermos o que é o bem. O que o senhor nos diz?

Confúcio fez com que todas as crianças se sentassem à sua volta e respondeu:

– Quem faz o bem age muito e fala pouco. Fazer o bem é amar os pais, é ser honesto, é procurar servir ao povo, e fazer do mundo um lugar melhor, de mais justiça.

– O que o senhor quer dizer com isso? – perguntou Bantinho.

Confúcio olhou para ele com ar curioso, porque na China daquela época não havia negros.

– O mundo seria mais justo se todos pudessem receber educação, se ninguém roubasse, se os políticos cumprissem seu dever e não tirassem nada do povo, se todos na sociedade fizessem as coisas certas.

– Mas o senhor acha que isso pode acontecer? – Susi arregalou seus lindos olhos orientais.

– A vida toda eu trabalhei para isso, vocês também podem trabalhar.

Nesse momento, Confúcio sorriu e abraçou as crianças, como se estivesse se despedindo. Quando elas perceberam, já estavam de volta à Escola da Tia Sofia. A viagem tinha sido fantástica.

Blá!! Blá!! Vamos conversar!

- Será que podemos melhorar o mundo, como queria Confúcio?
- O que você pode fazer para melhorar a sua casa, a escola, o bairro, a sua cidade, o seu país?

Resumo da conversa

Escreva aqui as principais ideias que vocês discutiram e as conclusões a que chegaram sobre o que podemos fazer para melhorar o mundo à nossa volta.

Cante com a gente!

Crianças da Nova Era

(Uma música para as crianças mudarem o mundo)

Nós somos as crianças da Nova Era,
Todo mundo nos espera
Para inventarmos o amor.
Vamos plantar no coração da Terra
Uma semente de bondade,
Uma graça e uma flor.

Refrão

Nós somos as crianças do Brasil,
Que nos anos dois mil
Botaremos pra quebrar.
Criando luz e querendo muita paz,
Vamos revelar ao mundo
Que querendo é que se faz.

Nós somos as crianças da Nova Era,
Nossa alma é sincera
e sonhamos com ardor.
Vamos mudar o coração da Terra
Porque a tal felicidade
só se encontra com amor.

Viajando pelas cores

- Acesse o *site* www.atica.com.br/jeitosdecrer e visite uma exposição de arte chinesa.

Pinte o sete!

Vamos fazer um grande painel em grupo? Primeiro, observe as imagens da China no *site* indicado acima, ou pesquise outras, na internet ou em livros. Depois, reúna-se com seus colegas e, numa cartolina, representem os lugares que a turma da Escola da Tia Sofia visitou e também aqueles que vocês gostariam de visitar.

O que é contrário ao bem?

8

– Adorei Confúcio! – falou Davi, assim que chegou à escola no dia seguinte à viagem mágica que fizeram à China.

– Ele era um sábio! – comentou Orestes, abraçando todas as crianças.

– Mas tem uma coisa – disse Mirela. – A gente está vendo o que é que as pessoas pensam sobre o bem, mas o que é o contrário do bem? O mal? E o que é o mal?

– Ah, mas isso é fácil – respondeu Muhamed. – Qualquer história de cinema, de livro ou de TV tem o lado do mal! Os maus não têm pena de ninguém, são violentos, mentirosos, desonestos!

– Que exagero! Será que tem gente que é totalmente má? E por que elas ficaram assim? – refletiu Bantinho.

– Totalmente má, de um jeito muito ruim, eu acho que não tem, não – disse Uirá. – As pessoas sempre têm um lado bom. E, se elas se tornam más, é porque não aprenderam a ser boas.

– Vai ver essas pessoas não conhecem nem Jesus, nem Confúcio, nem madre Teresa, nem os filósofos gregos – concluiu Mirela.

– Ou talvez não tiveram uma mãe, um pai, alguém da família ou um professor como o Orestes que ensinasse para elas o que é o bem! – brincou Susi.

Orestes sorriu satisfeito e disse:

– Nem sempre a pessoa má é a que faz uma coisa muito má... Também pode ser má aquela que deixa de fazer o bem que podia fazer. Vamos ver um exemplo? É uma fábula de La Fontaine!

ANNE BICQUE / CORBIS / SYGMA / LATIN STOCK

Retrato de La Fontaine feito pelo pintor francês Chateau Thierry.

– La Fon... quem? – perguntaram alguns.

– Podem procurar: LA FONTAINE.

Depois de alguns segundos, as crianças já tinham achado algumas informações sobre La Fontaine:

Jean de La Fontaine nasceu na França em 1621 e lá morreu em 1695. Seu pai queria que ele fosse poeta e, por incrível que pareça, ... tinha mesmo um grande dom para a poesia, pois se tornou um dos maiores poetas de seu país e do mundo. Ele passou a vida escrevendo e se divertindo. Dizem que era um homem muito sincero, que só dizia o que pensava, porém gostava exageradamente de namorar. Tinha muitos amigos, mas também alguns inimigos. La Fontaine entrou para a Academia Francesa de Letras, onde se reuniam os escritores mais famosos da época – os chamados "imortais". Um de seus feitos mais importantes foi reescrever as fábulas de Esopo. Ele não inventou nenhuma fábula; em vez disso, pegou as que já existiam e as contou de novo, em forma de poesia. Assim, as fábulas de Esopo ficaram não só muito mais conhecidas, como até mais bonitas, contadas em verso.

EDWARD BALDEN/THE FINE ART SOCIETY, LONDRES

Ilustração da fábula "O leão e o mosquito", do livro *Fábulas de Esopo*, feita em 1970 pelo desenhista Edward Bawden.

– Muito bem – elogiou Orestes. – Então, vamos à fábula:

O avarento que perdeu seu tesouro

Dinheiro só tem valor
se o usamos sabiamente.
Que adianta, tendo dinheiro,
viver miseravelmente?

A pessoa com mania
de só guardar e guardar
é tão pobre quanto a outra
que não tem o que gastar.

Na verdade, o avarento,
de rico, vira mendigo,
como na história de Esopo,
que exemplifica o que digo.

Um infeliz avarento
o seu tesouro escondia,
não possuía seu ouro,
o ouro é que o possuía.

Cavou um buraco fundo
e enterrou todo o dinheiro
e, com ele, guardou junto
o seu coração inteiro.

Pensava nesta fortuna,
dia e noite, noite e dia,
comendo, bebendo, andando,
a mente pra lá fugia.

E tanto foi ao lugar,
onde escondia o tesouro
que um coveiro percebeu,
cavou e levou o ouro.

Noutro dia, o avarento
achou a cova vazia
e, entre lágrimas, suspiros,
gritava, arfava, gemia.

Um passante quis saber
o motivo de tal choro.
O avarento respondeu:
– Roubaram o meu tesouro.

Ué! – tornou o passante –,
pois não há nenhuma guerra,
por que escondê-lo longe,
embaixo de tanta terra?

Não era melhor guardá-lo
com você, no próprio quarto,
usando a todo o momento
deste dinheiro tão farto?

– A todo momento?! Ó deuses! –
gritou o nosso pão-duro. –
Nunca toquei no tesouro,
estava aqui, bem seguro!

O passante disse então:
– Se o ouro pra nada servia,
guarde uma pedra na cova,
será de igual serventia!

(Fábula de Esopo, em poema de La Fontaine. Versão de Dora Incontri.)

– Entendi – disse Bantinho. – Então quer dizer que a avareza é uma forma de egoísmo e de maldade, porque a pessoa guarda com ela uma coisa que poderia fazer o bem para muitas outras!

– Meu Deus! – espantou-se Mirela. – Acho que o Bantinho está virando um filósofo grego.

Mirela andava gastando a palavra "filósofo", desde que aprendera que significava "pensador".

Todos riram e continuaram conversando.

Palavras para aprender: avareza e egoísmo

- Procure no dicionário o significado dessas palavras e o escreva aqui.

____

____

____

____

____

Vamos conversar!

- Que fim levou o avarento na história?
- O que o passante quis dizer com o conselho sobre a pedra?
- Você conhece uma pessoa avarenta?
- E pessoas egoístas, você conhece alguma?

Assista a um filme!

Assista ao desenho *O espírito de Natal* (1943), de Walt Disney, em que o Tio Patinhas faz o papel do avarento. O desenho e o personagem baseiam-se no livro *O conto de Natal*, do escritor inglês Charles Dickens.

THE WALT DISNEY COMPANY

Pinte o sete!

Vamos fazer de conta que você é o ilustrador da fábula do avarento. Releia o poema, escolha uma das estrofes e faça um desenho sobre a fábula. Depois, mostre-o para os seus amigos.

Onde está o bem?

9

Naquele dia, Orestes parecia cheio de mistérios. Disse que eles iam receber uma visita incrível: uma pessoa que tinha pensado muito sobre o que é o bem e onde ele pode ser encontrado.

– Quem é? – perguntaram alguns.

– De onde ele vem? – perguntaram outros.

– Vem de muito longe no tempo e no espaço. Faz uns 2 500 anos que ele viveu num país que vocês já conhecem: a Grécia. Mas a Grécia de antigamente.

As crianças bateram palmas.

– Então é um filósofo! – disse Mirela, mais uma vez usando a palavra de que tanto gostava.

– É isso mesmo – respondeu Orestes.

– Mas como é que uma pessoa que viveu 2 500 anos atrás pode aparecer aqui? – perguntou Susi.

– Mistérios da Escola da Tia Sofia... – foi a resposta de Orestes.

Foi então que entrou na sala um homem velho, de túnica branca, como aquelas que as crianças viram na viagem à Grécia. Ele era feio, mas muito simpático e sorridente. Começou a falar em grego com Orestes, que traduziu suas palavras para a turma:

– Minhas saudações, crianças! Vim porque soube que estão estudando questões que sempre me interessaram, principalmente esta sobre o bem.

– Quem é você? Por acaso é Aristóteles? – quis saber Bantinho.

– Não! Aristóteles foi aluno do meu aluno Platão. Eu sou Sócrates.

– Conte a sua vida para nós! – pediu Davi.

Sócrates se sentou, com as crianças em volta, e falou:

– Eu nasci na Grécia, no ano de 470 antes de Cristo. Meu pai, Sofronisco, fazia esculturas, e minha mãe, Fenareta, era parteira, ajudava no nascimento de crianças. Nós morávamos em Atenas, uma linda cidade onde havia muitas obras de arte, pinturas, esculturas e templos. A vida lá era ótima, com belos passeios, longas conversas nas praças e nos jardins, professores caminhando pelas ruas com seus alunos, debatendo assuntos como o bem e o mal, a verdade, a natureza, a astronomia, a arte de falar bem em público...

– Mas você fazia o quê, Sócrates? – perguntou Uirá.

– A gente já sabe que ele é um filósofo... – falou Mirela, fazendo careta para Uirá.

Sócrates achou graça e respondeu:

– Quando eu era jovem, aprendi a profissão do meu pai, que era escultor, depois me tornei um bravo guerreiro. Mas, sabem de uma coisa? Eu nunca machuquei ninguém na guerra, sempre salvava a vida dos amigos que caíam no campo de batalha. Eu me casei com uma mulher chamada Xantipa e tive três fi-

lhos. Agora, o que eu adorava fazer mesmo era filosofar, porque eu queria aprender mais e mais sobre a vida e as coisas, achar respostas para perguntas difíceis! Minha maior preocupação era levar as pessoas a pensar, a se conhecerem melhor e a se tornarem boas e amigas da sabedoria. E eu fazia isso sem cobrar nada, andando pelas ruas e pelas praças, conversando com quem quisesse, homens e mulheres, ricos e pobres, jovens e velhos.

– Que bonito! – suspirou Muhamed.

– E você achou respostas para as suas perguntas? Onde é que está o bem? – perguntou Mirela, cheia de curiosidade.

– Eu achei, e vocês?

– Bom... nós não sabemos – respondeu Davi por fim.

– É um bom começo saber que não sabemos. Então vamos procurar? – propôs Sócrates.

– Estamos procurando desde o começo desta história... – comentou Bantinho.

– Já achamos que o bem está na amizade, na ajuda aos outros, na coragem, no amor... – falou Muhamed.

– E de onde vem tudo isso, a amizade, a coragem, o amor? – perguntou Sócrates.

– Vem do nosso coração! – gritou Susi.

– E o coração, onde está? – continuou Sócrates.

– Está dentro de nós!

– Então o bem vem de onde? – sorriu Sócrates, como se tivesse ganhado um presente.

– Vem de dentro de nós! – concluiu Davi.

Todos bateram palmas, como numa festa.

Contente, Sócrates deu um grande sorriso, abraçou todo mundo e foi-se embora.

A turma estava espantada. Mais que depressa, Susi foi fazer uma pesquisa sobre Sócrates na internet. E todos ficaram ainda mais surpresos quando ouviram esta história:

Na Grécia antiga, em Atenas, havia muitas pessoas que não gostavam de Sócrates, porque ele criticava abertamente as injustiças daqueles que se diziam sábios, mas que só enganavam os outros. Entre os que não gostavam do filósofo, estavam os sofistas, professores gregos que ensinavam os jovens a se tornarem políticos habilidosos, capazes de convencer todo mundo da sua opinião, sem se preocupar com o compromisso com a verdade e com o bem. Era justamente isso que Sócrates não aceitava. Assim, ele fez muitos inimigos e foi perseguido, acusado de ensinar coisas erradas para os jovens. Aos 71 anos de idade, em 399 a.C., ele foi levado ao tribunal da cidade de Atenas para se defender dessas acusações. Sua defesa foi linda e corajosa, assim como a sua vida. Ele disse que a única coisa que fez foi ensinar os gregos a serem melhores e mais justos e que estava tranquilo, uma vez que nada tinha feito de errado. Achava injustas aquelas acusações. Infelizmente, a sua defesa de nada adiantou, já que o tribunal o condenou à morte.

O filósofo não ficou triste nem desesperado e consolou seus amigos e sua família. Disse-lhes que era melhor morrer fiel à verdade do que desmentir o que tinha ensinado. Sócrates acreditava que a morte é uma passagem para outra vida, o momento em que a alma deixa o corpo para habitar um mundo espiritual. Quando ele morreu, seus amigos e alunos ficaram muito tristes. Platão, um aluno que muito o amava, escreveu que Sócrates era o homem mais sábio e mais justo que tinha conhecido em toda a sua vida. Ele foi o autor de vários livros sobre seu professor e se tornou um dos maiores filósofos de todos os tempos.

EDITORA ABRIL

O filósofo Sócrates.

A turma estava de boca aberta. Um homem tão maravilhoso, condenado à morte! Eles ficaram bastante tempo pensando sobre isso.

Vamos conversar!

- Por que você acha que é tão difícil para algumas pessoas reconhecer quando alguém quer fazer o bem?
- E você, onde acha que podemos encontrar o bem?
- Na sua opinião, qual a maior recompensa para quem deseja praticar o bem?

Resumo da conversa

Escreva aqui o que você achou de mais importante na conversa com seus amigos sobre as ideias deste capítulo.

Você pode...

- Procure em revistas imagens de pessoas felizes e recorte-as. Depois, reúna-se com seus amigos e observem as figuras que eles escolheram. Juntos, montem um mural com todas as imagens recortadas.

- Depois que o mural estiver pronto, pense em tudo o que Sócrates falou para as crianças da Escola da Tia Sofia e escreva uma frase sobre ele ou sobre seu pensamento. Se preferir, em vez de uma frase apenas, escreva algumas linhas sobre o filósofo grego.

Faça de conta...

- ... que você está na Grécia antiga. Escolha, com seus amigos, um tema para "filosofar" e imaginem que vocês estão conversando sobre ele nas praças e jardins da Grécia, ou em um templo grego, onde encontram outros filósofos.

Escreva sobre o que você mais gostou neste capítulo!

O bem de Deus

10

Aquele assunto do bem já tinha rendido bastante. A turma já tinha pensado muito, pesquisado muito, mas parecia que a discussão nunca acabava. No penúltimo dia antes das férias, Orestes entrou na sala com cara triste:

– Gente, tenho uma notícia ruim! Eu vou ter que mudar de cidade e não poderei mais participar da Escola da Tia Sofia. Mas podemos continuar a conversar por carta ou por *e-mail*.

– Aaaaaahhhh... – foi a exclamação geral, e todo mundo correu para abraçar o professor.

– Mas antes de terminarmos – disse Orestes –, eu queria falar com vocês sobre uma coisa. Nós conversamos tanto a respeito do bem e não dissemos que em várias épocas, em vários países, em várias religiões, em várias filosofias, o maior bem de todos é Deus. Deus é o bem perfeito, o bem sem nenhum pinguinho de mal, o bem que não tem fim!

– Nossa! Como você falou bonito! – disse Muhamed.

– Pois então – continuou Orestes –, convido vocês a fazer uma pesquisa sobre o que já foi falado sobre Deus por aí! Amanhã nos vemos novamente e nos despedimos!

No dia seguinte, a sala estava toda colorida. As crianças tinham pesquisado e escrito em cartazes várias frases sobre Deus. E ainda prepararam uma festa-surpresa para Orestes.

Pai nosso,
que estais no
céu!

Jesus, cristianismo.

Deus, Senhor dos mundos,
Aquele que faz a misericórdia,
o misericordioso.

Alcorão, islamismo.

Com Tua luz,
Tu enches
os espaços.
O Teu amor
aquece os
mundos todos!

Bhagavad-Gita, hinduísmo.

Eu acredito
plenamente que o
Criador, que o seu
Nome seja bendito,
é o Criador e o
Guia de todos os
seres, e que Ele, e
apenas Ele, criou,
cria e criará todas
as coisas.

Maimônides, judaísmo.

HULTON-DEUTSCH COLLECTION / CORBIS / LATIN STOCK

Deus é Vida, Verdade, Luz. Ele é Amor. Ele é o Supremo Bem.

Mahatma Gandhi, que pregava a não-violência.

Vós sois santo, Senhor e único Deus, que operais maravilhas. Vós sois forte. Vós sois grande. Vós sois o Altíssimo.

REPRODUÇÃO

São Francisco, um homem que serviu aos pobres.

Orestes ficou encantado e emocionado. No meio da sala, havia uma mesa com sanduíches, frutas e sucos. Mirela, Bantinho, Uirá, Davi, Susi e Muhamed estavam tristes porque Orestes ia embora, mas ao mesmo tempo queriam mostrar que gostavam muito dele.

Orestes então falou:

– Já que nós estamos terminando esse pedacinho da nossa vida, sabendo que outros pedaços irão começar, e ainda falando de Deus, acho que podemos nos despedir fazendo uma oração juntos.

As crianças gostaram da ideia. Todos ficaram em silêncio, e cada um fez a oração do jeito que quis. E quem não quis apenas fechou os olhos em respeito aos amigos.

– Meu Deus, meu Pai, muito obrigada por este ano em que aprendemos tantas coisas! – foi a oração de Mirela.

– Paizinho querido do Céu, esteja sempre com o Orestes e sempre conosco também! – pediu Bantinho.

– Olha, Deus, manda coisas boas pra todo mundo! – disse Uirá.

– Deus de muita bondade, nós amamos Você e queremos ficar sempre por perto do Seu amor, com Você sempre dentro do coração! – foi a vez de Muhamed falar.

Cante com a gente!

WWW.GERMAN-CANADIAN.CA

Retrato de Schiller.

Uma das músicas mais bonitas de todos os tempos foi feita pelo compositor alemão Ludwig van Beethoven (1770--1827), com letra do poeta Friedrich von Schiller (1759-1805), também alemão.

Você pode ouvi-la e cantá-la numa versão em português.

THE ART ARCHIVE / CORBIS / ALFREDO DAGLI ORTI / LATIN STOCK

Retrato de Beethoven.

Alegria, luz divina
Que move o Universo,
Minha voz se ergue a fina
Pra cantar-te em verso!
A alegria acaba a descrença
E nos faz darmos as mãos!
Onde a alegria vença
Todos nós somos irmãos!

Ser amigo de um amigo,
Ter alguém para se amar!
Canta júbilos comigo
Louva teu celeste lar!
Muito além das lindas estrelas,
Há um Deus a governar!
Mesmo se não podes vê-las,
Há leis a se respeitar!

Todos bebem da alegria
Da mãe natureza!
Bons e maus à luz do dia
Sentem a beleza!
Sóis e flores, constelações,
A alegria universal!
Ela inunda corações
E dissolve todo o mal!

(Versão de Dora Incontri.)

Você pode...

- Que tal reunir todos os seus amigos da classe e fazer uma oração em conjunto?